U0948680

叠被子

海军上将的人生攻坚训练

[美] 威廉·麦克雷文（William H. McRaven）——著
美军海豹突击队上将
李升升——译

Make Your Bed

Little Things That Can Change Your Life... And Maybe the World

CNS PUBLISHING & MEDIA 中南出版传媒
湖南文艺出版社 HUNAN LITERATURE AND ART PUBLISHING HOUSE
博集天卷 CS-BOOKY

Make Your Bed

Little Things That Can Change Your Life...
And Maybe the World

叠被子　海军上将的人生攻坚训练

一件小事即可改变人生……

抑或改变世界。

致我的三个孩子：比尔、约翰和凯莉。作为一个父亲，我对自己孩子的自豪之情可能超越了其他任何一位父亲。因为你们的存在，我生命中的每一刻都变得更加美好。

致我的妻子同时也是我最好的朋友，乔治·安，是你让我所有的梦想都成为可能。如果没有你，我将会在哪里？

目录

Contents

序

Preface

2014年5月21日，我很荣幸能够为得克萨斯大学奥斯汀分校的毕业生做这场毕业典礼演讲。虽然这所大学是我的母校，但我仍然担心，作为一名职业生涯因战争而定义的军官，或许很难在大学生中找到一位迎合自己的观众。但使我十分惊喜的是，这些毕业生对我的演讲欢迎有加。海豹突击队训练给我带来的十则启示是我这次演讲的基础，这些经验教训似乎具有普遍的感染力。它们只是一些简单的经验，用于克服在海豹突击队训练中遇到的难题，但是这十则启示在处理生活中遇到的挑战时同样至关重要——无论你是谁。在过去的三年里，我常伫立于街头，听那些伟大的海豹队员讲述他们自己的故事：他们是如何做到面对鲨鱼而不退缩的，他们是如何忍住压力而没有鸣钟的，还有每天早晨整理床铺这一习惯是如何帮助他们度过那些艰难岁月的。关于这十则启示是如何改变了我的生活，以及那些在我职业生涯中给予我启发的人，他们还想了解更多。这本小书就是尝试着向大家介绍这些。每一章都会增添一些内容来讲述一则启示，也会增加一个简短的小故事来介绍一些曾经以自身准则、毅力、荣誉以及勇气启发过我的人。我希望你们能喜欢这本书！

Make Your Bed

Little Things That Can Change Your Life...
And Maybe the World

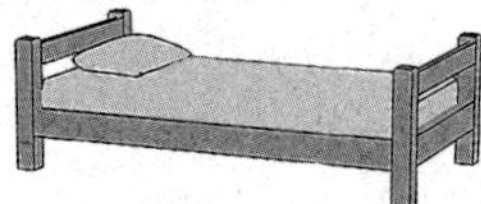

Make Your Bed

叠被子

海军上将的人生攻坚训练

Little Things That Can Change Your Life...And Maybe the World

第一章 Chapter 1

叠被子——以完成一项任务来开启一天的旅程

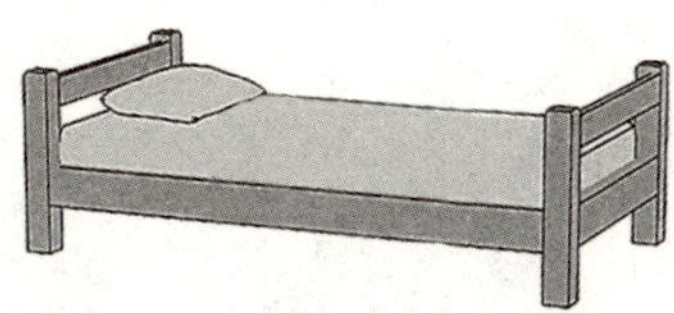

如果你想改变世界……

首先从整理自己的床铺开始吧。

海豹突击队基础训练的营房是一个简单的3层楼建筑，坐落于加州科罗纳多岛的沙滩上，距离太平洋仅有100码[①]。大楼里没有空调，在夜晚，如果开着窗户会听到潮水翻涌、海浪冲击岩石的声音。

兵营的房间很简陋。我和其他3名学员被分配在同一间军官宿舍中，这个房间有4张床铺，还有一个用来挂制服的柜子，除此之外，再无其他。

---

① 100码：1码（yd）等于0.9144米（m），100码约为91.44米。

在军营的日子里，每天清晨我都会铺开我的海军“折叠床”，然后立刻开始整理床铺。这是一天当中的第一个任务。我知道每一天都会被统一检查、长途游泳、长跑、越障训练，以及海豹教官的不断骚扰充斥得满满的。

教官走进了房间，这时班长海军中尉丹尼尔·斯图尔德大喊了一嗓子：“立正！”一位军士长朝着我的方向走来，此刻站在床脚边穿着军靴的我，啪的一声并拢了脚跟，挺直了身板。教官严肃认真、面无表情，开始进行各项检查，首先他要检查我绿色军帽的帽檐板子，确保这个八边形的“遮阳板”足够硬挺，各个边缘都得体且缝合紧闭。他用眼睛把我的制服上上下下打量了个遍。上衣和裤子的折痕对齐了吗？腰带上面的铜片是不是像镜子一样闪闪发亮？我的靴子是否擦得一尘不染以至于他能够通过反射的亮光看到自己的手指？教官比较满意，因为我达到了海豹突击队新兵预期中的高标准，他转而开始检查我的床铺。

床铺和这间屋子一样简单，除了一个钢结构框架和一张床垫之外，再无其他。床垫上仅仅铺着一层床单，这是底层的铺盖，它上面还有一张床单，就算是顶层的铺盖了。床垫下紧实地铺着一个灰色的羊毛毯子，用来在寒冷的圣地亚哥的夜晚提供一些温暖。第二个毯子放在床脚下，被熟练地折叠成一个矩形。有一个孤零零的枕头，是由“盲人灯塔”公司制造的，位于床头的中间位置，与底部的被子交叉摆放，形成90度直角。这是标准的叠被子方式。任何不符合这一叠被子标准的方式都算作不合格，那将导致我被惩罚做“冲浪运动”，即在海滩上周而复始地打滚，直到我浑身上下都沾满了潮湿的沙子——这一丑态被称为“砂糖曲奇”。

我纹丝不动地站着，透过眼角的余光看着教官。他厌倦地看着我的床铺，弯腰检查医院床单折角铺叠法，然后又检查了我的被子和枕头，确保它们正确对齐。之后他又把手伸进自己的口袋里，掏出一枚25美分的硬币并抛到空中数次，硬币在空中翻转，目的是确保我注意到终极的床铺检查即将开始。随着最后一个翻转，这枚25美分的硬币被高高地抛到空中，又落到床垫子上，轻轻地反弹了一下。硬币弹跳了几英寸高，足够教官再次将它抓到手中。

教官转向我，看着我的眼睛，冲我点了点头。他一个字也没有说。毕竟把自己的床铺整理得达到标准是一件再寻常不过的事情，没有什么可值得表扬的。在教官的预期中，我本就应该达到这一标准。这是一天当中的第一个任务，顺利完成这项任务十分重要。这证明了我严格遵守纪律，也证明了我对细节的关注。当这一天结束的时候，它将提醒我在这一天中有些事情我做得还是很不错的，还有值得骄傲的地方，不管这个任务是多么微不足道。

在我的海军生涯中，整理床铺算是我每天期待的一个常数。“灰鲸”号航空母舰是一艘特殊的操作潜艇，作为潜艇上一个年轻的海豹突击队海军少尉，我的铺位被安排在医务室，这里的床铺一共有四层。掌管医务室的是一位饱经沧桑的老医生，他坚持让我每天早晨整理床铺。他经常对我说，如果床铺不整理干净，整个房间就不整洁，那么水手们如何期待最优质的医疗服务？后来我发现，这种整洁的意识和井然有序的制度被应用在军事生活的方方面面。

30年后，纽约市的世贸双塔坍塌了。五角大楼受到严重袭击，而宾夕法尼亚州上空另一架被劫持的飞机上，勇敢的美国人与歹徒进行了一场殊死搏斗后壮烈牺牲。

袭击发生的时候，我正在家中疗养，因为之前经历了严重的跳伞事故。医院的病床被推到了我在政府的宿舍里，我一天中的大部分时间都是躺在病床上，试图尽快恢复健康。我最大的愿望就是能够赶紧从床上起来，跟我的战友们并肩作战，就像每一位海豹突击员一样。

当我终于恢复了健康，能够独自下床的时候，我做的第一件事就是把床单铺平，摆放好枕头，让医院的病床保持整洁干净，就像客人来到我家中做客时一样。这是我证明自己征服伤病，能够推动生活继续前行的方式。

在“9·11”事件发生还不到四周的时候，我被调到白宫。接下来的两年时间里，我在新成立的反恐办事处工作。2003年10月，我去了伊拉克巴格达机场的临时总部。最初的几个月我们睡在行军床上。不过，每天早上醒来，我都会卷起睡袋，把枕头放在简易小床的顶端，准备好迎接新的一天。

2013年12月，美国军队捕获了萨达姆·侯赛因。监禁期间，我们把他安置在一个小房间里。他和我们一样也睡在行军床上，但是盖着奢华的床单和被子。我每天需要探视一次萨达姆，以确保我的士兵们能够妥善地照看他。以一种纯属娱乐的态度来说，我注意到，萨达姆从不整理床铺。他的铺盖总是被皱巴巴地卷到帆布床的床脚处，很少能看到他有抻一抻床单的时候。

在接下来的10年里，我有幸与这个国家一些最优秀的男男女女共事——从将军到士兵、从海军上将到候补水兵、从大使到打字员。这些部署在海外支持战争的美国人都是心甘情愿的，为了保护这个伟大的国家牺牲了太多。

他们都明白，生活十分艰辛，有时候人们几乎无力改变自己这一天的结局。士兵在战斗中死去，很多家庭充满了悲伤，日子漫长而又时刻充满着焦虑。人们一直在寻找某些东西能够聊以自慰，能够激励自己开始新的一天，能够在这个时常丑陋的世界里找到一丝一缕的自豪感。不仅仅是战争，日常生活同样需要这种感觉。没有什么能够取代信仰带给人们的力量和安慰，有时候像整理床铺这样简单的运动也可以给人鼓舞，让你带着期盼去迎接新的一天，同时也给人带来满足感，从而顺利地结束这一天。

如果你想要改变自己的生活，抑或改变这个世界——就从叠被子开始吧！

第二章 Chapter 2

跳伞事故——不要孤军奋战

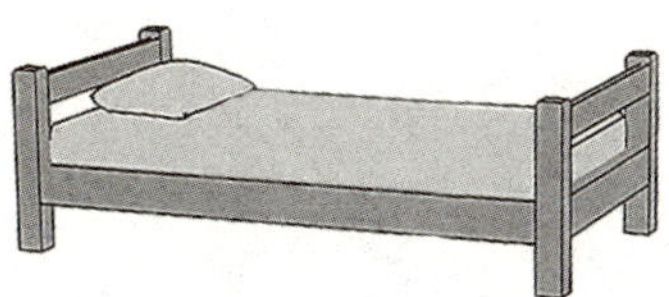

如果你想改变世界……

那么一定要找人帮你划桨。

在海豹突击队训练早期，我就意识到了团队精神的价值所在——需要依靠别人的帮助来完成艰难的任务。我们这些稚嫩的学员，现在只能被称作“蝌蚪”，大家都希望将来能够成为海军蛙人，一个10英尺长的橡皮艇通常被用来教我们团队合作这重要一课。

在海豹突击队训练的第一阶段，我们不管去哪里都被要求携带救生艇。我们从军营跑出来、过马路、去食堂……一路上都要把它举在头顶。当我们在科罗纳多岛的沙丘里跑来跑去时，就把它挂在身体稍低一点的位置。我们坐在这只小船里，沿着海岸线从南到北不断地划桨，穿过汹涌拍打的海浪，7个人共同努力划着橡皮艇向最终的目的地冲击。

但是在橡皮艇的旅程中我们又学会了一些其他的东西。偶尔，我们当中也会有船员生病或者受伤，不能够使出百分之百的力量来划桨。在训练的日子里，我时常感到筋疲力尽，或因患上伤寒、流感而瘫倒在地。在那些日子里，其他队员就会填补我的空缺。他们会更加卖力地划桨，把船桨划得更深。他们使出了额外的力气来弥补我力量的不足。在日后的训练里，如果同样的事情发生在其他人身上，我也会付出同样的努力。小小的橡皮艇使我们意识到没有人能够独自一人完成训练，没有一个海豹学员是孤军奋战的。生活中也是如此，你需要他人伸出援手来帮助你度过那些艰难的时光。

25年之后，我在美国西海岸对全体海豹成员下达命令，这次经历让我终生难忘，那一次是我最需要帮助的时候。

当时我是科罗纳多州海军特种作战部队第一小组的海军准将。作为一个海军首领，在过去的几十年时间里，我带领海豹突击队成员去过世界上的很多地方。直到有一次我参与了一项常规跳伞的项目，结果事情却变得一团糟。

当时我们是在一架C-130大力神飞机上，飞机上升到12000英尺高度的时候，我们准备跳伞。从飞机的后视窗向外望去，我们看到了加州美丽的一天。蔚蓝的天空中没有一丝云彩。太平洋是如此的平静，而且从这个高度可以看到墨西哥边境只在几英里之外。

跳伞指挥官呼喊到："准备跳！"通过倾斜面的边缘，我可以径直地看到地面。跳伞指挥官看着我的眼睛，笑了笑，大喊道："跳，跳，跳！"我像鸽子一样从飞机上飞了出去，手臂完全伸展，双腿微微盘起，弯向后背。飞机上的支柱产生了一股冲击力，推动我向前倾斜，直到我的双臂触及空气，我的身体才达到平衡状态。

我快速检查了一下我的测高仪，确定自己没有在旋转，然后环顾四周以确保其他跳伞者没有与我靠得太近。20秒后，我已降至5500英尺的俯冲高度。

突然，我向身下看去，另一个跳伞者滑到了我的身下，与我着陆的路径重叠了。他拉动了自己的开伞索，我看到了引导伞从他背包上的主降落伞中展开。我立刻用双臂使劲向旁边滑动，努力调整头部朝向地面的位置，试图躲开下面正在展开的降落伞。一切都太迟了。

那位跳伞者的降落伞突然在我前方爆开，就像一个巨大的气囊，以每小时120英里的速度袭击我。我被主伞反弹开来，身体迅速旋转，失去控制，在巨大的撞击力之下，我勉强维持意识清醒。大头朝下旋转了几秒钟的时间，我努力使自己重新稳定下来。我看不见自己的测高仪，也不知道自己下坠了多远的距离。

出于本能，我伸手去抓开伞索，用力一拉。引导伞从降落伞后部的小口袋中抛了出来，但却缠住了我的腿，此刻我仍持续地翻着筋斗，朝地面下坠。我奋力挣脱着，情况变得越来越糟。主伞局部展开，但在这种极端的情况下展开的部分旋转起来缠住了我的另一条腿。

我抬起头伸向天空，看到我的两条腿被两套冒口束缚住，连接主伞到我后背的降落伞背带上的长尼龙带子缠住了我的腿。一根缠住了我的一条腿，另一根缠住了我的另一条腿。主伞完全裸露在背包外面，但仍在我身体的某处悬挂着。

我努力地挣脱束缚，突然感觉到伞蓬从我身上飞了起来，开始展开。我朝双腿方向看了一眼，就知道接下来将会发生什么。

几秒钟之内，伞蓬接触到空气。那两套冒口，分别缠住我的双腿，突然开始猛烈地扯开，带着我的腿向外分离。在巨大的作用力下我的骨盆瞬间就与下半身分离开。连接骨盆与躯干的无数细小肌肉被从原本的位置上撕扯下来。

我的嘴巴在快速下降的冲力作用下张得大大的，我发出了一声惨叫，那叫声甚至连墨西哥都能听到。灼热的疼痛感在我浑身上下蔓延，疼痛的波浪在我的头部和骨盆之间来回冲击着。暴力拉扯、肌肉抽搐折磨着我的上半身，给我的胳膊和双腿带来了更多的痛感。现在，就像经历了抽丝剥茧的痛苦，我开始意识到自己在尖叫，试图控制自己，但是那疼痛实在是太剧烈了。

我仍旧大头朝下，下降得太快了，我尽量让身体保持直立，与降落伞背带保持水平，缓解一下骨盆和后背的压力。

1500英尺。

在降落伞展开之前，我已经下降超过了4000英尺。好消息是：我的头顶展开的是一个完整的伞蓬。坏消息是：我的身体被伞蓬打开时的巨大牵引力撕裂了。

我是在预计降落区之外2英里远处着陆的。在几分钟之内，降落区的全体人员以及一辆救护车就赶了过来。我被带到圣地亚哥市区的外科创伤医院。第二天，我做完了手术。事故导致我的骨盆被扯开将近5英寸。因降落伞展开时的巨大冲击力，我的腹部肌肉已经从盆骨处分离，背部肌肉及腿部肌肉重度损伤。我的骨盆里被钻入了一个大型钛板，还有一个长长的肩胛骨螺丝被钻进我的后背用于维持身体的稳定。

这似乎是我职业生涯的终结。作为一个有效率的海豹突击队成员，你必须保持身体健康。我的康复将需要几个月的时间，又或许是几年的时间，而海军需要进行体格评估，以决定我是否胜任自己的职责。七天后我离开了医院，但是在接下来的两个月时间里，我仍然在家卧床不起。

在我的一生中，我总是认为自己不会被击败。我相信自己天生的运动能力能使自己在大部分的危险状况中成功脱身。就这一点来说，我一直是正确的。在我的职业生涯中，我曾多次面临危及生命的事件：与另一个降落伞在半空中相撞；乘坐小型潜水艇时，潜艇突然不受控制地向深海下降；从钻油平台上掉下去数百英尺；被困于沉船中；准备拆除的爆炸装置被提前引爆；还有数不清的事故，那是掌握命运，需要瞬间决定生死的时刻。每一次我都要设法快速做出正确的决定，而每一次我的身体都足够强壮地克服了眼前的挑战。但这一次却没那么幸运。

此刻，我躺在床上，自我惋惜。但是这种悲伤的心情不会持续太久。我的妻子乔治·安承担起了护理我的职责。她清理了我的伤口，给予我必需的日常照料，还要更换便盆。但最重要的是，她总是时刻提醒着我，我是谁。我从未放弃生命中的任何东西，但她向我保证现在还不是继续开始的时候。她不让我为自己感到难过。这正是我所需要的严厉的爱，随着时间的流逝，我的身体逐渐康复。

我的朋友们时常来家中做客，打电话问候，

还经常提供一些力所能及的帮助。我的上司海军上将埃里克·奥尔森，围绕政策找到了一种方法，要求海军对我的能力进行医疗评估，使我能继续胜任海豹突击队的职务。他对我的支持，拯救了我的事业。

我在海豹突击队的日子里，经历了无数的挫折，在各种情况下，总有人前来帮助我：有人对我的能力充满信心；有人看到了我区别于他人的潜能；有人冒着自己声誉受损的风险来帮助我推进事业。我永远都忘不了这些人，我知道我一生中取得的所有成绩都是这一路走来因其他人对我的帮助而获得的。

没有人在生命的悲剧时刻能够幸免于难。就像我们在海豹突击队基础训练期间使用的小橡皮艇一样，它载着一队优秀的人到达他们人生的目的地。你不能独自划桨。要找到某人来分担你的生活。尽可能多地结交朋友，永远不要忘记你的成功需要依靠他人的帮助。

第三章 Chapter ③

海豹荣誉勋章
——只有内心的大小才是最重要的

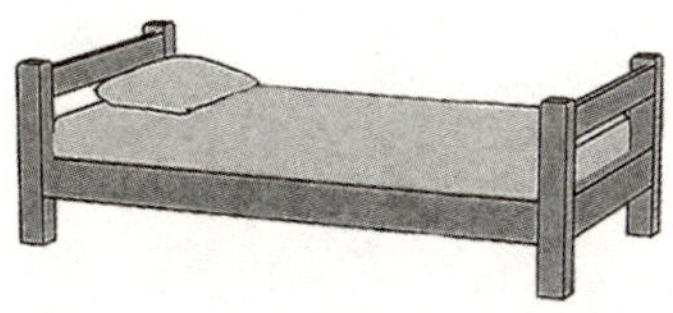

如果你想改变世界……

那么以一个人内心的大小来衡量他。

我右臂腋下夹着黑色橡胶脚蹼，左手拿着面罩，跑到了沙滩上。我摆出一个稍息的姿势，把脚蹼固定在柔软的沙滩上，它们彼此倾斜倚靠着对方形成一个圆锥形帐篷的样子。我的左右两侧站着其他学员。大家都穿着绿色T恤、卡其色泳裤、氯丁橡胶靴，身上还穿着小型救生衣，我们正在为早晨的两英里游泳做准备。

救生衣是一个小小的橡胶充气囊袋，只有拉动手柄的时候才会膨胀。在学员当中，如果有人不得不使用救生衣，会被他人耻笑的。不过，海豹教官仍必须在每次游泳训练之前检查每一件救生衣。这种检查也给了教官一次机会，可以给我们制造更多的麻烦。

那天科罗纳多岛的海浪有大约8英尺高。海浪形成3个起伏层，猛烈地翻涌咆哮着，这使得所有学员都心跳加速。随着教官慢慢地径直前行，他正好走到了我右手边的学员那里。这位学员，是一位候补水兵，海军招募的新兵，大约有5英尺4英寸高。这位海豹教官，是一位功勋卓著的越战老兵，身高远高于6英尺2英寸，耸立在眼前这位个子相对较小的男人面前。

在检查了这位学员的救生衣之后，教官顺着自己的左肩看向翻涌的海浪，然后俯下身子，抓起学员的脚蹼。拿起它们贴向年轻水兵的脸，他平静地说："你真的想成为一名蛙人吗？"

这位水兵直了直身子，眼里充满了挑衅的神

情。“是的，教官，我想！”他喊道。

“你就是一个小矮子。”教官说道，在他面前挥舞着脚蹼。“那里的海浪可以把你劈成两半。”他停顿了一下，瞥了一眼大海。“在你受伤之前，应该仔细考虑一下是否要放弃。”

即使是用眼角的余光，我都能看到这位学员的下巴变得紧绷。

“我不会放弃的！”那位水兵回答道，清晰地扯着嗓子喊出每一个字。然后教官身体前倾，靠在他的耳边私语了一阵。因为海浪拍打的声音太大，我没能听清他说的话。

检查完所有学员之后，教官命令我们进入水中，开始游泳。一个小时之后，我匍匐游出了冲浪区，那位候补水兵正站在沙滩上。他几乎成为全班第一个游到终点的人。那天晚些时候，我把他拉到一边，问他教官跟他偷偷说了些什么。他笑了笑，骄傲地说："证明我是错的！"

海豹突击队训练总是在证明某些东西。证明体格大小无关紧要。证明你的肤色并不重要。证明金钱并不能使你变得更好。证明决心和毅力总是比天赋更重要。我有幸在训练开始的前一年学到了这一课。

当我乘坐在圣地亚哥市区的城市客车上，我很兴奋能够成为参观整个科罗纳多岛海湾地区海豹突击队基础训练设施的成员之一。我是第一批见习军官，参加夏季巡航，作为海军预备役军官培训项目的一部分。作为第一批见习军官，我正处于大学校园的大三、大四交接阶段，如果一切顺利的话，我希望在来年夏天能够服役，参加海豹突击队训练。在那个星期过了一半时，我收到了海军预备役军官培训团教练的许可，暂停了原定位于港口的其中一条船上的海上训练计划，踏上了去科罗纳多岛的旅程。

我在著名的科罗纳多酒店外下了车，步行了大约一英里来到海军两栖作战基地的海滩边。我走过了几个朝鲜战争时期的老式建筑，那里曾住着水下爆破团11组和12组。在这个斑驳的写有一则小故事的砖瓦建筑物外立着一个巨大的木质指示牌，上面写着“蛙人弗雷迪”，一只绿色而巨大的带有脚蹼的两栖类动物携带着一根黄色炸药，抽着一只雪茄。这里是西海岸蛙人的故乡，那些英勇的带着面罩牺牲的勇士，他们是军人的祖先，早已清理了硫黄岛、塔拉瓦岛、关岛以及仁川港口的海滩。我开始心跳加速。这里正是未来一年我想要待的地方。

我走过水下爆破团队的建筑物，下一个建筑物属于海豹突击队第一队的，当时的新一代丛林战士在越战中获得一定声誉，同样是军队中最坚毅的人。另一个大型木质指示牌上展示的是美国海豹突击队士兵，一只手握着匕首，肩膀上披着一件黑色的斗篷。后来我得知，蛙人和海豹突击队员完全是一回事。所有人都毕业于海豹突击队训练班，从本质上来说所有海豹都是蛙人。

最后，我走近了海军基地海滩一侧最后一座建筑物——政府大楼。在建筑物的外表面上写着“海豹突击队水下爆破基础训练”。两位海豹教官站在主入口门外，他们身边围绕着几个年轻的高中生海军学员。这两位海豹教官高高地耸立在一群高中生之中。高级主管海军士官迪克·雷有6英尺3英寸高，宽阔的肩膀、细细的腰、黝黑的皮肤、留着铅笔芯似的细而黑的小胡子。他的一切正是我所期待中的海豹突击队员的样子。他旁边站着的是军士长吉恩·温斯。温斯身高超过6英尺，身材就像一个后卫球员一样健美，有结实的肱二头肌，目光坚毅而严苛，提醒大家不要轻易靠近他。

海军学员们走进了大楼。带着些许恐惧感，我跟着他们，在前台停了下来。我对前台的年轻水兵做了自我介绍。我是来自得克萨斯大学的见习军官，希望咨询一下海豹突击队训练的具体情况。那位水兵立刻离开了办公台，回来后通知我说第一期的军官是中尉道格·胡特，他很高兴在几分钟之后与我交谈。

在等待去道格·胡特中尉办公室谈话的这段时间里，我在走廊里来回踱步，看着墙面上装饰着的图片。这些都是海豹突击队在越战时期的照片，大家正从湄公河三角洲齐腰深的泥地里向外挣脱。还有海豹突击队野战排伪装的照片，当时大家已完成了暗夜使命，正在返程的途中。以自动武器全副武装的男人们，荷枪实弹地登上了快艇，驶入丛林。

在走廊的深处，我看到另一个人也在看着照片。他衣着朴素，身材纤细，看上去很脆弱，一头蓬松的披头士黑发悬挂在耳边。他看起来十分敬畏地看着那些照片中行为勇敢、不可思议的勇士。我在脑海中猜想，他是否在衡量自己是否有能力也成为一名海豹。看着那些照片，他是否真的认为自己足够强壮可以忍受训练的艰辛？他是否认为他的小身板可以携带沉重的背包以及上千发子弹？他没看到站在门前的那两位海报教官吗？很明显身材魁梧才是选拔标准，不是吗？我突然感到很悲伤，有人误导了这个家伙，也许这鼓励了他离开舒适的平民生活，转而尝试海豹突击队训练。

几分钟后，前台的水兵安静地走过走廊，陪

同我来到中尉胡特的办公室。道格·胡特也是一位为海豹突击队负责新兵招募的军官；他身材高大、肌肉发达、一头棕色的鬈发，身穿卡其色海军制服，显得十分干练。

我坐在胡特办公桌对面的一把椅子上，我们谈论了海豹突击队训练的情况，以及这个项目的要求。胡特跟我讲述了他在越战中的经历，以及如果我能从海豹突击队训练班顺利毕业，日后在团队中的生活将会是什么样子。透过眼角的余光，我看到那个身着便服的纤瘦男人仍旧盯着墙上的照片看。像我一样，他一定是在等待着拜访胡特中尉，希望能够了解到更多关于海豹突击队训练的事宜。知道了自己显然比另一个人更强壮，并且比他准备得更充分，这让我颇有优势感——他竟认为自己可以通过严苛的训练，成为一名海豹突击队员。

在我们谈话的过程当中，胡特中尉突然停了下来，从他的办公桌处抬起头看，呼喊站在大厅里的那个男人。胡特示意那个瘦削的男人进办公室来，我也站了起来。

“比尔，这是汤米·诺里斯。”他说着。随后他给了那个男人一个热烈的熊抱。“汤米是越战中最后一个海豹荣誉勋章获得者。”胡特补充道。诺里斯笑了笑，因为这个介绍显得有些不好意思。我回以微笑，握了握他的手，十分嘲笑自己。这个看似虚弱，头发蓬松，被我质疑不能通过训练的男人，竟然是中尉汤米·诺里斯。汤米·诺里斯在越战期间曾经连续几晚深入敌后拯救了两个被击落的飞行员。他在执行另一个任务的过程中，被北越部队射中了面部，本以为等待他的只有死亡，不料竟被海军军士迈克·桑顿营救了。后来迈克·桑顿也因这些救援行动获得了荣誉勋章。这就是汤米·诺里斯，击败了伤痛，成为联邦调查局第一人质救援队伍的一员。这个安静、寡言、谦逊的人，是海豹团队悠久历史中最坚韧的成员之一。

1969年，汤米·诺里斯几乎被踢出海豹突击队训练营。他们说他身材矮小、瘦骨嶙峋、不够强壮。但是就像我们班的年轻水兵一样，诺里斯证明他们全都错了，并且再一次证明了脚蹼的大小并不能决定一切，真正重要的是一个人内心的大小。

第四章 Chapter 4

莫基中尉——生活是不公平的，勇往直前即可

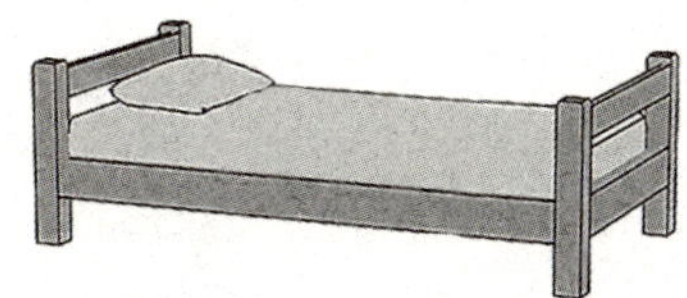

如果你想改变世界……

克服沦为“砂糖曲奇”的失落，勇敢前行。

仅是因为你要把这一天余下的时间都耗在处理那些在脖子下面、腋下和两腿之间无处不在的沙子上，还在于把自己变成“砂糖曲奇”的这一行为完全是随意的。这简直不可理喻。只因为教官的心血来潮，你就要变成“砂糖曲奇”。

对于许多海豹学员来说很难接受。那些努力表现优秀的学员，会期盼自己因出色表现而获得奖赏。有时他们会如愿以偿，接下来的一次也是，但不会一直如意。有时他们所有的努力换来的只是浑身湿透和沾满沙子。

我感觉自己似乎浑身都被沙子覆盖了，然后跑到教官那里，再一次大喊“噢耶”，并且集中注意力。那位仔细打量，看我是否达到“砂糖曲奇”严格标准的人，正是中尉菲利普·L. 马丁，他被朋友们称为莫基。然而当时，我和马丁中尉还不是很熟。

莫基·马丁是典型的蛙人。他在夏威夷出生、长大，作为海豹军官，他的一切正是我想拥有的。一个有经验的越战老兵，精通海豹突击队库存中的每一种武器。他是团队中最优秀的跳伞成员之一，作为一个夏威夷本土人，他具有娴熟的水中技艺，几乎无人匹敌。

“麦克先生，你知不知道为什么今天上午你会成为‘砂糖曲奇’？”马丁以一种非常平和，但是质问的语气问道。

“不知道，马丁教官。”我老老实实地回答道。

“麦克先生，这是因为生活是不公平的，你越早知道这一点对你越有利。”

一年以后，我和马丁中尉成了直呼其名的好友。我已经通过了海豹突击队基础训练，而他则被从训练中心再次分配到科罗纳多岛的水下爆破团11组。

我对莫基了解得越多，就对他越尊重。莫基除了是一个极好的海豹突击队行家，也是一个非凡的运动员。在20世纪80年代初期，他就已经能够达到一位狂热的铁人三项全能运动员的最高标准。他可以在公海里完成漂亮的自由泳。他的小腿和大腿的肌肉都十分发达，可以毫不费力地进行越野长跑，但是他真正的优势是骑行。他与自行车就是为彼此而生的。

每天早上他都会进行山地训练，在科罗纳多岛的银滩上进行30英里的往返骑行。有一处平地被铺成自行车路径，与太平洋平行。它从科罗纳多岛所处的城市前往因皮里尔滩（加利福尼亚州）所处的城市。一边是海洋，另一边是海湾，这是加州海滩最美丽的风景之一。

在一个星期六的清晨，莫基外出，沿着银滩骑行。他低着头，速度飞快，从来不看迎面而来的自行车。结果他以每小时接近25英里的速度与另一辆自行车相撞。两台自行车都被撞瘪了，两位骑手也狠狠地撞在了一起，趴在柏油路上。另一个骑手在地上滚了几下，自己拍了拍身上的灰尘，挣扎着站了起来。这位骑手摔倒在地，但是并无大碍。

但是莫基仍然趴在地上，无法动弹。几分钟后几位医护人员赶到现场，稳定住莫基，将他送往医院。一开始大家还都寄希望于他的麻痹状态只是暂时的，但是随着时间的流逝，几天过去了，几个月过去了，几年过去了，莫基的腿再也没有恢复到从前。那次意外导致他腰部以下瘫痪了，如今他只有胳膊能进行有限的运动。

在过去的35年里，莫基一直使用着轮椅。这些年来我从未听到他抱怨过自己的不幸，也从未听到他质问过：“为什么是我遭遇这种打击？”他也从未对自己产生过哪怕是一丝丝的怜悯之情。

事实上，在那场事故之后，莫基继续自己的生活，通过努力成为一名成功的画家。他生了一个漂亮的小女孩。他在科罗纳多岛创立了每年一度的超级青蛙铁人三项运动，并一直担任监督人员。

去指责生活中因外部原因而造成的损失是一件很容易的事，因此你停下了继续前行的脚步，因为你认为命运在与你作对。人们常以为一个孩子成长的地点，父母对待他的态度，或者是在哪所学校读书，所有这一切决定了他的未来。然而事实并非如此。普通人和伟人的区别在于他们如何处理命运的不公平：海伦·凯勒、纳尔逊·曼德拉、斯蒂芬·霍金、马拉拉·尤萨夫扎伊，还有——莫基·马丁。

有时候无论你怎样努力尝试，不管你有多优秀，你最终还是沦为了一个“砂糖曲奇”。不要抱怨。不要责怪你的不幸。昂首站起，展望未来，勇敢前行吧！

在海豹突击队的训练中，游泳队友是你值得依靠的人。水下潜水作业里，你的游泳队友在体能上与你的行动息息相关，你的游泳队友在长途游泳中与你做伴。游泳队友能够在学习上帮助你，激发你的上进心，在整个训练过程中成为你最亲密的同盟。而且，作为游泳队友，如果你们其中一人在一个项目上失败了，你们两个都将承担后果。教官正是用这种方法来强调团队合作的重要性。

每当游完泳，穿过沙滩，就会有一位海豹教官在那里等着我们。

“卧倒！”教官喊道。这是摆出俯卧撑姿势的命令：后背挺直，手臂完全伸展，抬头。

“你们两个称自己为军官吗？”没有回应。我们都知道他还会继续责骂。

“海豹突击队团队的军官总是标杆模范。他

科罗纳多岛的海浪波涛汹涌，当我们侧泳返回海滩的时候，浪端小小的白色泡沫拍打着我们的脸。像往常一样，我和我的游泳队友们正奋力跟上海豹突击队训练课程的余下项目。教官站在救生船上冲我们大喊："加快步伐。"但是，似乎我们游得越卖力，却被落得越远。

那天我的游泳队友是海军少尉马克·托马斯。像我一样，马克也已经收到了预备役军官训练军团的委任状。他毕业于弗吉尼亚军事学院，是班上最优秀的长跑运动员之一。

如果你想改变世界……

不要害怕马戏。

第五章 Chapter 5

马戏表演——失败会使你变得更强大

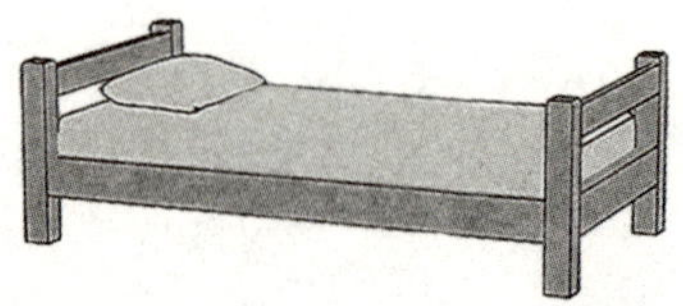

们在游泳项目中从来不会是最后一名。他们不会让自己所在的班级陷入尴尬。”

教官在我们身边转悠着，还不时用脚向我们的脸上踢沙子。

“我不认为你们这两位绅士能做到。我认为你们不具备成为海豹军官的资格。”

他从口袋里取出一个小小的黑色笔记本，厌恶地看着我们，在本子上写着什么。“你们两个只达到了马戏名单的水准。”他摇了摇头。“如果你们能够在下一周存活下来的话，就算是幸运的了。”

马戏。这是我和马克最不想看到的结果。每天下午，在训练结束的时候都会举办马戏表演。马戏表演是额外增加两个小时的健身操训练，再加上海豹战斗老兵无休止的骚扰，这些老兵希望只有强者在训练中存活下来。如果你在那天的某个项目中未能达标——健身操、越障训练、限时跑或者游泳——你就会榜上有名。在教官的眼里，你就是一个失败者。

让学员们对马戏如此恐惧的不仅仅是额外的痛苦，而是这也意味着马戏结束后的下一天，你会被这附加的锻炼搞得筋疲力尽、疲劳过度，以致在接下来的项目中再次难以达标。下一个马戏又会随之而来，然后一个接着一个。这是一个死亡旋涡，失败的恶性循环，导致许多学员放弃训练。

当其他学员完成当天训练项目的时候，我和马克，连同其他几个学员，在柏油路上集合，开始了另一个漫长的健身操训练。

因为我们在游泳项目中落后了，教官在那一天专门针对我们制定了这个马戏项目——浅打水。大量的浅打水运动。浅打水运动设计的目的是加强腹肌和大腿的肌肉，这样在长途公海的游泳中你就可以发挥出更多的力量。它们的设计还有一个用途，就是用来击垮你。

浅打水运动需要借助背部的力量，腿要在身体前面伸直向外扩展，双手抱在头后。教官重复计数，你要上下交替移动双腿，做出踢打的动作。整个训练的过程中膝盖不允许打弯。膝盖打弯在蛙人中被看作弱点。

马戏是一种惩罚。要做成百上千次的浅打水运动，还有俯卧撑、引体向上、仰卧起坐、8个数位的健身运动。太阳下山的时候，我和马克累得几乎无法动弹。失败也是需要付出代价的。

第二天又做了更多的健身操训练，又一次长跑、又一次越障训练、又一次游泳，不幸的是又要表演马戏。还要做更多的仰卧起坐、更多的俯卧撑，还有更多的浅打水运动。但是随着马戏表演的持续进行，发生了一件有趣的事。我们的游泳能力变强了，我和马克的名次也开始向上攀升。

马戏的出发点是对失败者的惩罚，却让我们在水中变得更强、更快、更自信。当其他学员退出，无力承受偶然的失败及其带来的痛苦的时候，我和马克却下定决心不能让马戏击垮我们。

随着训练接近尾声，终极的挑战也随之到来，那就是公海游泳，沿着圣克莱门特岛海岸游5英里。在规定的时间内完成游泳是海豹突击队训练班毕业的必要条件。

我们从码头跳进大海，海水冰冷刺骨。15组游泳队员进入水中，离开这个小海湾，开始了艰难的长途跋涉，我们需要环绕半岛游行，并越过海藻层。大约两个小时后，游泳小组拉开了距离，你无法辨别自己在一群人中所处的位置。

大家已经在大海中游了4个小时，身体开始变得麻木、精疲力竭，体温濒临低温的边缘，我和马克·托马斯上了岸，来到海滩上。在沙滩海浪边缘等待我们的是教官。

“卧倒！”他喊道。

我的手脚冷到麻木，已感觉不到手指和脚趾上的沙子。我竭力地抬起头，却仅仅能看到教官的靴子，他正朝我和马克走来。

“你们两个军官再一次让你们班感到难堪。”另一双靴子出现在我的视野里，然后又来一双。几个教官现在正围着我们。“你们令所有其他队友都黯然失色。”他停顿了一下。“振作起来，先生们！”

当我和马克站起来环顾海滩四周，突然意识到我们是第一对完成游泳项目的组合。

“你们让他们都感到好尴尬。”教官笑了。

“第二组队员到现在尚未出现在视野中。”

我和马克转身望向大海，果然，极目远眺没看到一个人。

“做得好，先生们。看起来所有附加的痛苦与磨难都是值得的。”教官停顿了一下，向前迈了一步，跟我们握手。“当你们真正成为海豹一员的时候，我将很荣幸曾辅导过你们。”

我们做到了。长途游泳是训练的终极考验。几天以后，我和马克顺利毕业。

马克将继续他在海豹突击队的卓越事业，而且直到今天我们仍然是亲密的伙伴。

人的一生会遇到很多马戏。你要为失败付出代价。但是，如果你坚持，如果你接受失败的教训，让自己变得更强大，那么你就已经做好了应对生命中最艰难时刻的准备。

1983年7月就是我人生中最艰难的时刻之一。当我站在指挥官面前的时候，我觉得自己作为海豹突击队成员的职业生涯结束了。我刚刚被解除在海豹突击队中队担任的职务，因试图改变我所在中队的组织、训练以及执行任务的方式而被解雇。组织中有一些杰出的军官和现役军人，其中一些技能专业的战士，他们的水准我从未达到过。然而，他们的情怀大部分根植于越战时期，我觉得是时候做出一些改变了。我发现，改变从来都不是一件容易的事，尤其是对管理层来说。

幸运的是，虽然我被解雇了，我的指挥官仍允许我转移到另一个海豹突击队去，但是我作为一个海豹军官的名誉已严重受损。不管我走到哪里，其他军官以及现役军人都知道我失败了，每天都有一些闲言碎语以及微妙的神情提醒着我或许我已不再胜任海豹突击队成员的职务。

那一阶段，在职业上我有两个选择：辞职，继续去过平民的生活，依据我最近的军官健康报告来说这似乎是最合情理的选择，或者经受住暴风雨的考验，证明给自己和其他人看，我是一个优秀的海豹军官。我选择了后者。

在我被解雇后不久，我有了第二次机会，作为主管军官，负责部署海豹突击队野战排的海外任务。海外任务的大部分时间都是在偏远地区，那里与外部隔绝，我们只能依靠自己。

我要利用这个机会来证明自己仍然可以做一名合格的领队。当你与12个海豹突击队成员如此近距离地住在一起的时候，没有什么地方可以隐藏。他们知道你是否在晨练的时候付出了百分之百的努力。他们看到在飞机上你是队伍中第一个跳伞的人，而吃饭的时候却排在了队伍的最后面。他们看着你清洁自己的武器、检查收音设备、阅读情报、准备任务简报。当你为了第二天的训练而通宵准备的时候，他们也能知晓。

海外部署的任务月复一月地过去了，我以之前的失败为动力，比野战排的每一个人都更加努力、更加奔忙、更加用心。有时候我感觉自己还没有做到最好，但是我从未放弃做出最大的努力。

随着时间的推移，我重获部下的尊重。几年以后，我被选中指挥一个属于自己的海报突击团队。最后，我接管了整个西海岸的海豹突击队。

到2003年，我主动参与到伊拉克对阿富汗的战争中去。现在我是战区负责作战指挥的一星级海军上将，我做的每一个决定都将造成深远影响。在接下来的几年中，我经常马失前蹄。但是，每一次失败、每一个错误，都带来了成百上千的成功：人质获救、终止自杀式炸弹袭击者的袭击、捕获海盗、刺杀恐怖分子……如此，无数的生命得救了。

我意识到，过去的失败使我变得更加强大，也教会我懂得没有人会不犯错。一个真正的领导者必须从失败中汲取教训，用这些经验来激励自己，不要害怕再一次的尝试，也不要害怕再一次面临艰难的抉择。

你不能避免马戏。从某种程度上来说，对于马戏我们都曾榜上有名。不要惧怕马戏。

第六章

Chapter 6

人质救援——你必须勇于挑战

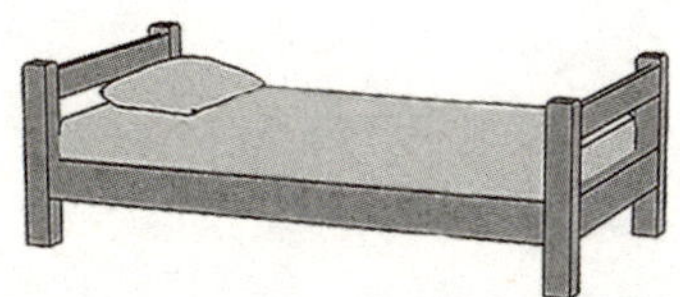

如果你想改变世界……

那就勇往直前、冲破障碍。

站在30英尺高塔楼的边缘，我抓起粗尼龙绳。绳子的一端绑在塔楼上，另一端固定在一个地面上100英尺远的杆子上。在海豹突击队的越障训练项目中我通过了一半的障碍，而且是以破纪录的速度。我把腿挂在绳子的上方，拼命地坚持，开始一寸寸地离开月台。我的身体悬挂在绳子下方，像毛毛虫似的往前慢慢移动，一步一步地，到另一端。

当我到达了尽头，我放松了抓紧绳子的手，跳到柔软的沙滩上，跑到下一个障碍处。我们班上的其他学员给我加油鼓劲，但是我听到了海豹教官开始倒计时。在滑索逃生这一项目上我浪费了太多的时间。我的“负鼠风格”爬越长绳索的技巧实在是太差了，而且我就是不敢以头朝下的方式从绳索上滑下去。头朝下方从塔楼上滑下去，这一方法叫作突击队风格，速度会快很多，但是风险也更大。这种方法是骑在绳子的上方，比起悬挂在绳子下面的方法，这种方法不够稳固，如果你摔下来并受了伤，就会被淘汰出局。

我在一个令人失望的时间点冲过了终点线。我疼得直不起腰来，上气不接下气，一个头发斑白的越战老兵，穿着擦得锃亮的靴子，身着沉重刻板的军绿色制服，弯腰驼背地站在我面前。“麦克先生，你打算什么时候学习突击队方法？”很明显他在用轻蔑的语气质问。“越障训练每次都会打败你，除非你开始采取一些冒险的方式。”

一个星期以后，我抛开了恐惧心理，爬上了绳子的顶端，头朝下，完成了“滑索逃生”项目。当我以个人最好成绩穿过终点线的时候，我看到那位越战老海豹冲我点了点头，表示他对我的认可。这是一个简单的训练，目的在于克服自身的恐惧心理，相信自己有能力完成任务。这一经历在未来的几年里始终鞭策着我。

那是2004年我在伊拉克的时候。收音机另一端传来的声音很平静，但紧迫感不言而喻。我们搜索的三名人质已经锁定位置。“基地”组织恐怖分子把他们劫持在巴格达市郊一个四面筑有高墙的围地。不幸的是，情报显示恐怖分子准备转移人质，我们必须迅速采取行动。

负责营救任务的陆军中校通知我他们必须

进行一次危险的白日突袭。让事情变得更糟糕的是，唯一可能获得成功的方法是需要3架黑鹰直升机，搭载空袭特遣队，降落在那个小小的围地之中。我们讨论过其他战术选择，但是很显然中校的观点是正确的。通常在晚上进行营救任务更可取，那时候突袭的优势站在我方，但当下是一个短暂的机会，如果我们现在不行动，人质将会被转移，并且很有可能被撕票。

我认可了这项任务，几分钟内，救援力量登上了3架黑鹰直升机，飞往围墙大院。在黑鹰直升机上方高处，另一架直升机为我所在的总指挥部提供视频监控。我沉默地看着这3架直升机飞过荒凉地带，离地面只有几英尺用以隐蔽。

在空旷的院子里，我看见一个人，手持自动武器，来来回回进出大楼，似乎准备着撤离。直升机起飞5分钟后，当救援力量做最终准备的时候，我在总指挥部唯一能做的就是通过内部通信系统接听消息。

这不是我第一次监督人质救援行动，也不会是最后一次，但显然这是最大胆的一次，根据需要，在大院内部着陆，攻其不备。虽然来自陆军航空单位的飞行员是世界上最棒的，但这仍然是一次高风险的任务。3架直升机，配备着超过60英尺长的桨叶，将要着陆于仅有几英寸富裕的空间。使难度增加的是还有一个8英尺高的砖墙围绕在建筑群周围，迫使飞行员要极度调整接近角度。这将是一次艰难的着陆，通过无线电台我能够听到救援力量正准备着突袭。

通过上方的监控系统，我能看到直升机降落路线的最后一个导航点。第一架飞机水平飞行，当它飞过那堵墙的时候，瞬间向上发力，下降到那个小院子中。救援力量立即从黑鹰直升机中冲出，开始进入大楼。第二架直升机紧跟着第一架，在它旁边几英尺远的距离着陆。直升机下降的气流带起了尘土，在降落区周围引发了一簇灰尘团。当第三架直升机接近院子的时候，一个巨大的灰尘气团暂时阻挡了飞行员的视线。第三架直升机的前面部分探过了那堵墙一英寸的距离，但是后轮撞到了这堵8英尺高的障碍墙，砖头散落了一地。没有多余的空间了，飞行员迫降直升机，随之而来发出了砰的一声响，但是好在里面的每一个人都安然无恙。

几分钟后，我收到消息，所有人质都是安全的。在30分钟内，救援力量和被释放的人质已经在安全返程的路上。这场孤注一掷的赌博是值得的。

在接下来的十年历程中，我逐渐意识到承担风险对于我们特种作战武装力量来说十分常见。他们经常给自己和机器设立极限，这样才能不断取得成功。在许多方面正是这一点将他们区别于其他人。然而，在外人看来，这种风险通常是经过计算、深思熟虑、计划周详的。即使这种情况出于偶然，执行者知道局限所在，但仍充分相信自己，勇于尝试。

在我的职业生涯中，我一直非常尊敬英国皇家特种空勤队，就是著名的SAS[①]。SAS的座右铭是“勇者必胜”。这一座右铭广受赞誉，甚至在本·拉登突袭之前的时刻，我的军士长克里斯·法里斯，引用这一句话来勉励正准备执行任务的海豹突击队员。于我而言，这句座右铭不仅意味着英国特种部队作为一支军队如何具体执行任务，更重要的在于它事关我们每一个人应该如

① SAS，是Special Air Service的缩写，特种空勤团，亦译空降特勤队。英国陆军特种部队，专门负责执行反恐及特别行动等任务。

何处理日常生活。

生活是一场斗争，失败的潜在风险永远存在，但是那些生活在失败、苦难、窘困的恐惧之中的人将永远无法激发自己的潜能。没有挑战你的极限，没有偶然的头朝下方滑索逃生的念头，没有勇于尝试的精神，你永远都不会知道生命中真正可能出现哪些奇迹。

第七章 Chapter 7

鲨鱼和恶霸——直面凶险

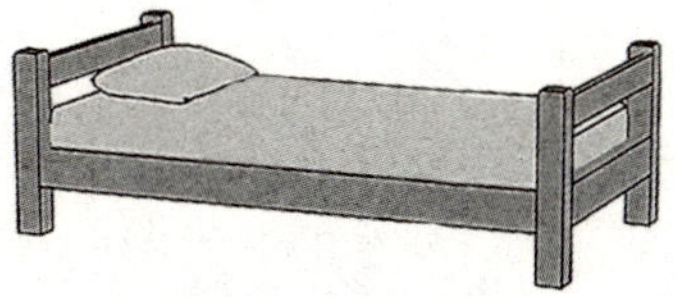

如果你想改变世界……

面对鲨鱼不要胆怯。

圣克莱门特岛的海水波涛汹涌、寒冷刺骨，我们开始了4英里的夜间远洋游泳项目。海军少尉马克·托马斯在我身旁，我俩左一下右一下配合着侧泳。除了一件稍宽松的紧身潜水衣、一副面罩、一双蛙鞋之外，再无其他。我们艰难地逆流而游，海浪围绕着小半岛向南翻涌。随着我们游入公海，出发点海军基地的灯光开始减弱。不到1小时，我们就在离海滩约1英里的海面上了，似乎整个大海里就只有我们两个人。我们周围的游泳队员们都被笼罩在黑暗中。

透过马克面罩上的泳镜我能看到马克的眼睛。他的表情一定也是我表情的反射。我们都知道圣克莱门特的水域里到处都是鲨鱼。不仅仅是鲨鱼，而且是海洋里体形最大、最具攻击性的那种吃人的大白鲨。在我们游泳之前，海豹教官给我们简单地介绍了一下当晚我们可能会遇到的所有潜在危险。有豹纹鲨、灰鲭鲨、锤头鲨和长尾鲨，但是我们最担心的就是大白鲨。

这种感觉令我们有些不安、孤寂。深夜，漂泊在大洋中，知道潜藏在海面之下极具威胁性的史前生物正等在那里，随时可能把你咬成两半。

但是，我们俩都非常迫切地想成为海豹突击队的正式成员，不管水里有什么也不能阻挡我们前行的决心。如果我们不得不击退鲨鱼，那就让它来吧，因为我们已经准备好了迎接战斗。我们坚信自己的目标光荣而高贵，给我们以勇气，而勇气则是一种卓越的品质。有了勇气，没有什么人和事能够阻挡你前行的路。失去勇气，就会被他人牵着鼻子走。失去勇气，就会受到诱惑的摆布。没有勇气，人们就会被暴君、独裁者统治。没有勇气，伟大的社会就不会繁荣。没有勇气，世界上就会恶势力横行。有了它，你就可以实现任何目标。有了它，你就可以反抗并战胜邪恶。

伊拉克前任总统萨达姆·侯赛因，坐在一张旧军床的边上，只穿着一套橙色囚服。24小时前他已经被美国军方俘虏了，现在是一名美国的囚犯。

当我打开门，请新任伊拉克领导人走进房间，萨达姆仍然坐在那里。他的脸上掠过一丝假笑，他的态度中没有一点悔恨或屈服的意思。4位伊拉克领导人走进房间后，立刻开始呵斥萨达姆，却与萨达姆保持距离以确保的安全。带着轻蔑的神色，萨达姆给了他们一个致命的微笑，并示意他们坐下来。他们仍然害怕这位前任独裁者，他们每个人都抓起一把折叠椅，坐了下来。大家不断地冲他尖声叫喊，并用手指指点点，但是这位前任独裁者却缓慢而平静地开口说起话来。

在萨达姆·侯赛因的统治下，复兴社会党要对成千上万的伊拉克什叶派教徒以及库尔德人的死亡负责。萨达姆亲自处决了一些他认为对他不忠的将军。

虽然我很乐观地认为萨达姆不会再对房间里面的其他人构成威胁，但是这位伊拉克前领导人并不让人十分放心。他们眼里的恐惧是毋庸置疑的。这个男人是巴格达的屠夫，几十年来一直在这个国家实行恐怖统治。对他的个人崇拜吸引了众多穷凶极恶的追随者。这些凶残的暴徒追随者残害了太多无辜的人，迫使成千上万的国人逃离这个国家。在伊拉克，没有人有勇气去召集众人挑战暴君。在我看来，毫无疑问的是，这些新领导人仍然害怕萨达姆可能会做出的事——即使他被关在监狱中。

如果会议的目的是要声明萨达姆已经不再掌权，那么会议很失败。在他开口的一刹那，萨达姆成功地恐吓并震慑住了新政权。他似乎比以往任何时候都更有信心。

当那些伊拉克领导人离开时，我指示我的警卫将这位前总统隔离在一个小房间里。不会再有访客，房间里的警卫也都不许跟萨达姆说话。

在接下来的一个月里，我每天都会到这个小房间来查看。每一天萨达姆都站起来迎接我，每天都没有言语交流，我用手势示意他回到他的小床上去。信息很明确：他不再重要。他再也不能恐吓身边的人了。他再也不能给其他人灌输恐惧心理了。光彩夺目的宫殿消失了。他的侍女、仆人以及将帅也都不在了。权力已然远去。那些象征他恐怖统治的嚣张气焰和压迫都已经结束了。勇敢年轻的美国士兵站了起来，挑战他的暴政，现在的他不再对任何人构成威胁。

30天后，我将萨达姆·侯赛因转移至一个正规的宪兵队，一年后伊拉克人民因其对国家犯下的罪行对他执行了绞刑。

恶霸都是一样的，不管他们存在于校园里、工作场所，抑或通过恐怖手段统治一个国家。他们在恐惧和恐吓中茁壮成长。恶霸因受欺者的心生畏惧而获得力量。他们就像鲨鱼能够察觉到水中出现的恐惧感一样。它们会围着猎物团团转，观察猎物是否在挣扎，它们会探查受害者是否脆弱。如果你们不拿出勇气奋力拼搏，他们就会痛下杀手。在生活中，为了实现你的目标，为了完成夜间远洋游泳，你必须成为勇者。这种勇气，存在于我们每个人的身上。深入挖掘，你就会发现勇气是你最富有的资源。

第八章 Chapter 8

死亡装置——随机应变

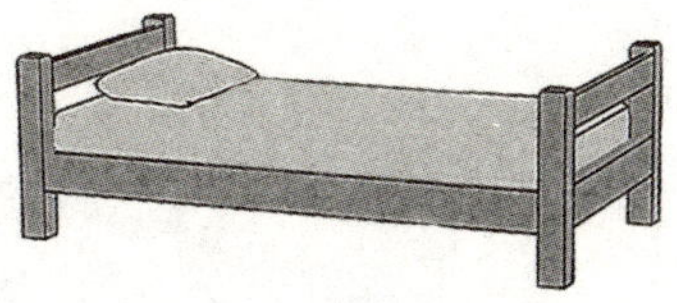

如果你想改变世界……

必须在最黑暗的时刻成为最优秀的自己。

我站在一小块沙地上，看着海湾对面一字排开的战舰，它们停泊在第32街海军基地。在这些战舰和我们的出发点之间有一艘抛锚在圣地亚哥湾上的小船，这就是我们今晚的“目标”。这一期培训班的最后几个月是学习携带基础水肺以及更先进的、无泡供氧、爱默生闭路式的潜水钻机潜水。今晚是潜水阶段的高潮，是海豹突击队基础训练技术中最难的部分。

我们的目标是在水下游2000米，从起点横渡海湾，游到抛锚的小船那里。然后游到小船的底部，把练习时用的帽贝水雷放到龙骨处，之后再避开探测器，游回海滩。艾默生潜水器被病态地称为“死亡装置”。因为众所周知，它总是时不时地出故障，根据海豹突击队的民间传说，多年来很多学员死于艾默生潜水器。

在夜晚，圣地亚哥湾的能见度很糟糕，伸手不见五指。你手中只有一支小小的绿色荧光棒，用来照亮水下罗盘。祸不单行，浓雾常随之滚滚而来。阴霾低沉地悬挂在海湾上空，我们难以用罗盘确定目标的初始方位。如果我们搞错了目标方向，游到航运线附近，事情就不妙了，因为海军驱逐舰随时可能驶入港口。

海豹教官们在25对潜水员的面前踱来踱去，为这次夜间潜水做准备。教官们似乎跟我们一样紧张。他们知道这个训练项目潜在风险最高，可能会导致学员受伤或死亡。

负责这次活动的军士长把所有潜水员召集到一起，围成一个小圈子。“先生们。”他说道，“今晚将决定你们当中哪些水手能够成为真正的蛙人。”为了营造氛围，他停顿了一下。“海水冰冷又阴暗。船下更是黑暗。黑暗得会使人迷失方向，如果你与队友分开，他将无法再找到你。”现在大雾已经迫近我们，薄雾甚至覆盖了我们双脚站着的那块丁点大的地方。“今晚，你必须成为最优秀的自己。你必须超越自己的恐惧、怀疑和疲惫。不管前方有多黑暗，你必须完成任务。这将使你与众不同。”在某种程度上，这些话在接下来的30年里一直萦绕在我的耳畔。

当大雾笼罩在阿富汗巴格拉姆空军基地的飞机场时，我即将面临另一个黑暗时刻。一架巨大的C-17飞机停在停机坪上，它的坡道已经降下来，处于待命状态，准备接收一具倒下战士的遗体。

这是一个斜坡仪式，也是在伊拉克和阿富汗的战争中最庄严、最鼓舞人心的方面之一。它代表的是美国人性化的一面。每一个男人、女人，不管他们的背景如何，不管他们生命的最后一刻是多么英勇，都被赋予至高无上的尊严和荣誉。这是我们国家承认他们牺牲的方式。这是我们最后的敬礼、最后的感谢，在他们回家的路上为他们祈祷。

斜坡的两侧是两行平行列队的士兵。他们站成士兵检阅时的稍息姿势，列成仪仗队。飞机的右边是小型的三人乐队，轻声地演奏着《奇异的恩典》。

另一些人，包括我自己在内，都聚集在左边，飞机场沿途还排列着成千上万的自发参与者，有士兵、水手、飞行员、海军陆战队员、平民，还有我们的盟友。他们都前来送上最后的敬意。

悍马战术车辆运载着遗骸准时抵达。牺牲英雄的部队里有六个人组成了一个护柩队伍。他们放下了用国旗覆盖的灵柩，慢慢地走过仪仗队，走上斜坡，登上飞机。

他们把灵柩放置在货舱中间，迅速转身，摆出立正的姿势，向他致敬。在灵柩的头部，牧师向他鞠躬，然后读《以赛亚书》第6章第8节。

我又听见主的声音说：“我可以差遣谁呢？谁肯为我们去呢？”

我说：“我在这里，请差遣我！”

随着“葬礼的安息号”奏响，将士们流下了热泪。他们没有掩饰悲伤的心情。

护柩者离开了，外面列队的众人一个接一个地走过来，向他敬礼，跪在灵柩前，寄托最后的哀思。

那天上午，C-17飞机随后将会起飞，沿途再加燃料，并抵达多佛空军基地。在那里，有另一个仪仗队，有牺牲将士的家人，将迎接灵柩并护送他回家。

生命中没有哪一个时刻比失去你所爱之人的时刻更加黑暗了，然而我却一次又一次地看到，一个家庭、一支部队、一个小镇、一座城市、一个国家，在那样悲惨的时刻是如何紧紧地团结在一起的。

当一个经验丰富的陆军特种部队战士在伊拉克阵亡的时候，他的双胞胎兄弟站了出来，安慰战士的朋友们，把家人团聚在一起，他确信已故的兄弟会为他感到骄傲，因为在所有人最需要他的时候，他给了大家足够的力量。

当一个牺牲的突击队员被送回家，他所在的佐治亚州萨凡纳军事基地的整个部队穿上了最珍贵的制服，从教堂行进至突击队员最爱的饶河街酒吧。队伍行进沿线，萨凡纳城镇的居民都自发地走了出来。消防人员、警察、退伍军人、社会各界的平民，都来向这位在阿富汗战场上英勇牺牲的年轻士兵致敬。

当一架CV-22飞机在阿富汗失事，飞行员和几位机组成员遇难，来自同一支部队的飞行员聚到一起，表达敬意，第二天就代替他们继续飞行，因为他们知道倒下的兄弟们希望他们能够接替自己继续执行任务。

当一架直升机坠毁，夺走了25名特种操作员和6名国民警卫队士兵的生命的时候，整个国家都在哀悼，但也为倒下战士的过人胆识、爱国主义精神以及英勇无畏的大义而感到无上自豪。

很多时候，我们都将面对生命中的黑暗时刻。如果不是所爱的人过世，就是某些让你精神崩溃的事，这会让你对未来感到迷茫。在那些黑暗的时刻，你需要探寻内心深处，成为最优秀的自己。

第九章 Chapter 9

地狱之周——将希望带给他人

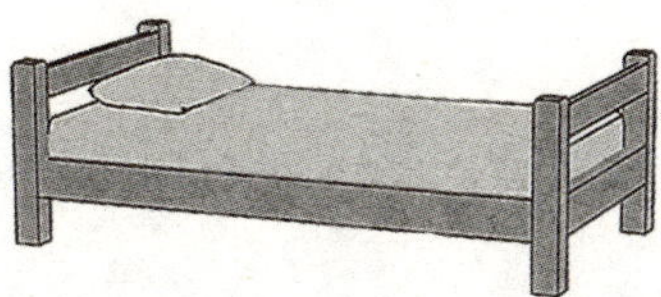

如果你想改变世界……

当你深陷泥滩，仍要放声高歌。

从海上吹来的夜风以每小时20英里的速度行进。天空中没有月光，夜晚厚厚的云层也遮挡住了繁星。我依旧深陷在齐胸深的泥滩中，全身都覆盖着一层污垢。我的视线被结块的黏土阻挡，变得很模糊，只能看到学员伙伴们的轮廓，他们在我旁边的泥坑里排成一列。

那是地狱之周的周三，我所在的海豹训练班学员都因为那个臭名昭著的蒂华纳泥滩而情绪低落。地狱之周是海豹突击队第一阶段训练的重大事项。连续六天无睡眠，还要不间断地接受教官的骚扰。要进行越野长跑、公海游泳、越障训练、绳索攀爬、无休止的健身操训练，以及不间断的小橡皮艇划桨任务（情报系统）。地狱之周的目的是剔除弱者，那些意志不坚定、不足以胜任海豹任务的学员。

总体来说，在地狱之周淘汰的学员要远多于其他任何训练阶段，而泥滩是本周最艰难的阶段。泥滩位于南圣地亚哥和墨西哥之间，是一个低洼区域，因为圣地亚哥排水系统引起一大片的淤泥沟壑，厚厚的泥浆，全是黏稠的湿黏土。

那天刚到下午，我们班就划着橡皮艇从科罗纳多一路下行至泥滩。到达后不久，我们就被命令进入泥滩，开展一系列旨在让我们的身体保持寒冷、潮湿、痛苦的竞赛和个人比赛。泥土粘在你身体的每一个部位上。由于黏土的密度太大，在其中穿梭会使你精疲力竭，并考验你继续前行的意志。

比赛持续了几个小时。到了晚上，我们还没有从刺骨的寒冷和疲劳中缓过来，每个人浑身瘫软，几乎不能移动。太阳落山后，温度开始下降，风力抬升，一切都似乎变得更加困难。

学员的士气正在迅速下降。现在还只是周三，我们都知道还有另外三个痛苦和疲惫的日子即将到来。这对于许多学员来说都是关键一刻。难以控制的摇晃，手脚因为无休止的运动变得肿胀，皮肤变得脆弱不堪以至于最轻微的运动也会带来不适感，我们完成训练的希望在迅速消退。

在远处城市灯光的映衬下可以看到一个海豹教官的剪影，他故意走到泥滩的边缘。他轻声地对着扩音器说话，那声音听起来像个老朋友，给备受折磨的学员们以安慰。他说，我们可以加入他和其他教官的行列，在火炉旁取暖。他准备了热咖啡和鸡汤。我们可以放松一下，直到太阳出来。从泥滩中出来吧。凡事看开些。

我可以感到有些学员准备接受他的提议。毕竟，我们在泥滩里还能撑多久？温暖的炉火、热咖啡和鸡汤听起来确实不错。但那之后就要面临淘汰出局的尴尬。只需要有五个人退出即可。只要有五个人放弃，班上的其他学员就可以从痛苦中稍微得到解脱。

我旁边的那位学员开始靠近教官。我抓住他的胳膊，紧紧地拖住他，但是他太想离开泥滩了。他挣脱了我的手，开始跃向干爽的地面。我看到教官在微笑。他知道一旦有一个人放弃，其他人就会跟随。

突然，在呼啸的大风中传来一个声音。是歌声。这声音听起来疲惫而刺耳，但是音量很大，所有人都听得见。歌声唱得并不悦耳，但是每个人都知道这首曲子。唱歌的人从一个变成了两个，两个又变成三个，不久之后，所有学员都唱了起来。

那位冲到干爽地面的学员转过身，又回到我的身旁。他把自己的手臂环绕在我的手臂上，也开始唱起歌来。教官抓起扩音器，冲着大伙喊：“不要再唱了。”没有人听从他的命令。他冲着班级负责人喊：“控制好学员。”歌唱还在继续。教官每威胁一次，歌声就唱得更响亮，学员们变得更加强大，在逆境中继续前行的意志也变得越发牢不可破。在黑暗中，在火光映照下，我分明看到教官的脸上洋溢着欣慰的笑容。再一次，我们学到了一则重要的启示：一个人的力量可以团结整个集体，一个人的力量可以激励身边的人，让他们充满希望。如果那个人可以在深陷泥潭、淤泥没颈的情况下还能歌唱，那么我们也能做到。如果那个人可以忍受刺骨的寒冷，那么我们也能忍受。如果那个人能够坚持下去，那么我们也能继续坚持。

多佛空军基地的大房间到处都是哀伤的家属——悲痛欲绝的孩子们在母亲的怀里哭泣，父母手牵着手，希望能从彼此身上获得力量，妻子们无法接受突如其来的变故。就在5天前，一架载着海豹突击队及其阿富汗特种作战合作伙伴，由陆军飞行员操纵的飞机，被击落在阿富汗境内。机上的38名成员全部遇难。这是在反恐战争中遭受的最大损失。

在不到一小时的时间里，一架大型C-17运输机按计划降落在多佛，遇难英雄的家人将被护送到飞机停放区去迎接那些被国旗覆盖的灵柩。除此之外，在家属等待的时候，美国总统、国防部长、服务秘书以及高级军事领导人也一一进入了等待的房间，以表达他们的尊敬之情，并给予家属力所能及的安慰。

我曾参加过几十次为牺牲士兵准备的告别仪式。这从来都不是一件容易的事，我常常在想，我的安慰之词是否对那些失去所爱之人的家属有所影响，或者他们是否会因为失去爱人所带来的震动而感到我说的一切都是那么的不可理解。

当我和妻子乔治·安开始跟那些家属交谈的时候，我一直努力使用正确的字眼。我如何能够真正地领会他们的痛苦呢？我如何能够开口说出，他们儿子、丈夫、父亲、兄弟和朋友的牺牲是值得的？我尽力去安慰每一个人，我拥抱他们，我跟他们一同祈祷。我努力劝慰他们要坚强，但是不知何故，我觉得自己的言语是那么的苍白无力。

之后，当我蹲跪在一个老妇人旁边的时候，我注意到我身边的家属正在与海军中将约翰·凯利谈话。这位国防部长的军事助理凯利，个子很高，身材纤细，留着浓密的灰色鬓发，穿着一套整洁的海军制服。这一家人围绕在他身旁，我能感觉到他同情和鼓励的话语在面对这样的悲剧时，对受到悲伤打击的父母和孩子们产生了深远的影响。他笑了，他们也笑了。他拥抱着大家，大家也以拥抱回馈他。他伸出了手，他们紧紧地抓住他的手。

在最后一次拥抱这些父母，并感谢这些家庭做出的牺牲之后，凯利移步至下一群心碎的逝者家属那里。在接下来的一个小时里，约翰·凯利几乎与房间里的每一个家庭都接触到了。那天，凯利的话语比其他任何一位来访者都更能引起每一位父母、妻子、兄弟、姐妹以及朋友的共鸣。

他的语言是理解的别名，他的话语饱含同情，最重要的是，他的言语中充满了希望。

那一天，只有约翰·凯利与众不同。只有约翰·凯利才能给予他们希望，因为只有约翰·凯利知道在战争中失去儿子是什么滋味。

海军中尉罗伯特·凯利2010年在阿富汗于第五海军陆战队第三营服役期间被杀害。凯利将军和他的家人在这场悲剧中几经挣扎，正如那天在多佛的家人所经历的一样。但是凯利一家挺了过来。他们忍受了苦难、心痛，那种伤心欲绝的失落感。

那天当我看着他的时候，他同样给予我希望。事实上，当你失去一个士兵时你会为他的家庭感到悲伤，但是你也害怕同样的命运某天会降临到自己的身上。你想知道你是否也能在失去孩子的时候从悲恸中挺过来。或者你想知道如果失去你，你的家人将如何接受不再有你陪伴的日子。你希望并祈祷上帝会仁慈一些，不要让你承受这不堪想象的重负。

在接下来的三年里，约翰·凯利和我成了亲密的朋友。他是一名出色的军官，对他的妻子凯伦来说是一个强有力的丈夫，对他的女儿凯特来说是一位慈爱的父亲，他也是家中的长子，他就是海军军人约翰·凯利。但更重要的是，除去这些，约翰·凯利把希望带给了身边的所有人。这种希望让我们在艰难的岁月中能够超越痛苦、失望、苦恼，变得强壮。我们每个人都有能力继续前行，不仅仅是自己好好地活下去，还要激励他人。

希望是宇宙中最强大的力量。有了希望，你可以激励国家走向富强；有了希望，你可以鼓舞受压迫的人崛起；有了希望，你可以减轻难以忍受的损失所带来的痛苦。有时候只需要一个人就能使境遇完全不同。

有一天，我们都会发现自己深陷泥淖。那便是你放声高歌的时候，勃然一笑的时候。激励身边的人，给他们带来希望，明天会更好。

第十章 Chapter 10

游骑兵团——永不言弃

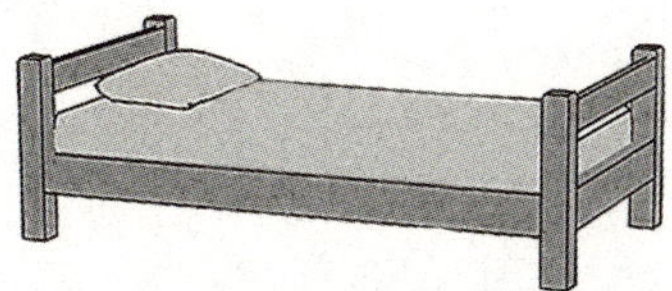

如果你想改变世界……

永远不要敲响铜钟。

我和其他150名学员排列整齐，参加了海豹突击队第一天的训练。教官穿着战靴、卡其色短裤、蓝色和金色相间的T恤，走过铺着柏油路的宽阔大院，来到一口黄铜材质做的钟面前，这口钟就悬挂在所有学员都能看见的地方。

“先生们。”他开始说了，“今天是海豹突击队训练的第一天。在接下来的6个月里你们会经历美国军队最艰难的训练过程。”

我环顾四周，看到一些学员伙伴的脸上浮现出忧虑的神情。

教官继续说：“你将接受生命中从未体验过的考验。”他停顿了一下，四下看了看班级上的新晋“蝌蚪”成员。“你们中的大多数人无法通过考验。我将会验证这一点。”他笑了。“我将在我的权力范围内竭尽所能地让你出局！”他强调了最后四个字。“我将无情地骚扰你。我会让你在队友面前难堪。我会对你施加压力，让你超越自身的极限。”然后他的脸上闪过一丝轻蔑的笑意。“你们即将感受痛苦。很多很多的痛苦。”

他抓着铜钟，使劲拉了一下绳子，一声铿锵有力的钟声在院子里回荡。“但是如果你不愿意忍受这些痛苦，如果你不喜欢一切的骚扰，那么这是一个很简单的出局方式。”他再次拉了一下绳子，又一阵深沉的金属撞击声在建筑群中回荡。“如果你想要放弃，只需敲响这口钟三次。”

他松开了绑在钟上的绳子：“敲响这口钟，

你再也不必早起。敲响这口钟，你再也不必参加越野长跑，再也不必忍受在刺骨的冷水中游泳，也不用再参加越障训练。敲响这口钟，你就可以避免所有这些痛苦。”

然后教官向下看了一眼柏油路面，似乎是从他准备好的独白中解脱了出来。“但是让我告诉你们一件事。”他说，“如果你放弃了，你的整个余生都会后悔。放弃永远都不会让事情变得更容易。”

6个月后，只有33名学员站在毕业典礼的舞台上。有些人选择了那种轻松的方式离开了。他们放弃了，我猜教官说得对，他们整个余生都会为这个决定后悔的。

在海豹训练的过程中，这是我学到的所有启示中最重要的一点。永远不要放弃。听起来好像没有什么特别的深意，但是，生活总是不经意间将你推到放弃似乎比坚持更容易的境地。在这种情况下，风险是如此之大，放弃看起来总是更合乎情理的选择。

在我的职业生涯中，我一直受到那些拒绝放弃的人的鼓舞，他们从来不会为自己感到难过，但是，我在阿富汗的一家医院里遇到的那位年轻的突击队员给我留下的印象最为深刻。

有一天深夜，我收到信息，有位士兵踩到了一个地雷，已经用军用救护直升机运送至总部附近的战地医院。我和游骑兵[①]团指挥官埃里克·库瑞拉上校立刻赶往医院，走进受伤士兵的房间。

这名士兵躺在医院的病床上，管子插入了他的嘴巴和胸腔，爆炸烧伤了他的面部和胳膊。他

① 游骑兵：游骑兵（又称突击兵或特攻队）是一支历史悠久、武力强悍的精锐部队，拥有光荣历史与优秀传统。

平躺在床上，身上盖着毯子，双腿看似还在。他的生活从此刻起将永远改变。

我曾无数次拜访阿富汗的战地医院。作为战时领导人，你要试着不要把人类的苦难埋藏在心底，因为你知道这是战斗的一部分。众多士兵伤残。众多士兵牺牲。如果你允许自己所做的每一个决定都有可能会以损失生命为代价，那么你必须努力奋斗以获得成功。

不知为何，今夜看起来如此不同。躺在我面前的游骑兵太年轻了：比我两个儿子的年龄还要小。他才19岁，他的名字叫亚当·贝茨。一个星期之前他刚刚来到阿富汗，这是他参加的第一次战斗任务。我俯下身，用手抚摸着他的肩膀。他很平静、无意识。我思考了一会儿，说了一小段祷告词，当护士进来查看病房的时候，我正准备离开。

她冲我笑了一下，看了他的脉搏，问我是否

对他的病情有任何疑问。她告诉我他的两条腿都被截肢了，而且伤势严重，但是他生还的可能性很大。

我很感谢她对突击队员贝茨如此悉心的照顾，并告诉她当他有意识的时候我会再过来看他。“哦，他现在就是有意识的，”她说，“事实上，如果你跟他说话对他来说是件好事。”她轻轻地摇晃年轻的突击队员，他微微睁开双眼，示意看到了我。

“他现在还不能说话，”护士说道。“但是他的母亲耳聋，他会手语。”护士递给我一张纸，上面画着各种各样的手语符号。

我对他说了一阵，试图寻找勇气去说一些该说的话。对一个因为服役于国家而失去双腿的年轻人你能说些什么？你怎样才能让他对未来感到更加美好？

贝茨，他的脸因为爆炸而肿胀，他的双眼仅仅能透过淤血和绷带的缝隙看见物体，愣愣地盯着我。他一定是在我的脸上感觉到了怜悯的神情。

他举起手，开始比画着手语。

我看着面前那张纸上的每一个符号。他忍着疼痛，缓慢地写出："我——会——好起来的。"然后他又睡了过去。

那天晚上当我离开医院时，我忍不住大哭起来。在医院里我曾跟成百上千的人谈话，从未有过一个人向我抱怨。从来没有！他们为自己的服役感到自豪。他们接受自己的命运，他们唯一想要的就是回到自己的部队，跟身后的兄弟们重聚。从某种程度上来说，亚当·贝茨是所有和他一样情况的战士的化身。

在阿富汗医院视察的一年后，我接任了第七十五游骑兵团的指挥权。在看台上的正是游骑兵贝茨，他身穿军礼服，俊朗英气，装着新义肢昂首站立。我听说他在引体向上的比赛中挑战了许多突击队成员。他经历了很多——数次外科手术、痛苦的康复过程、不断调整以适应新的生活——他从未放弃。他笑对人生，开着玩笑，微笑面对每一天——正如他向我许诺过的——他好起来了！

生活充满了艰难的时刻。但是总有人的境遇比你更糟。如果你用怜悯填满日子，以悲伤来对待生活，哀叹命运的不公，将你的境遇归咎于某人或某事，那么生活将会是漫长而艰辛的过程。从另一方面讲，如果你拒绝放弃梦想，昂首挺立，坚强地面对一切苦难，那么人生就会因你的态度而改变——你会让这一生变得伟大。

永远也不要敲响那口钟！

记住：以完成一项任务作为每一天的开始。在人生的旅途中借力而行。尊重每一个人。了解生活从来都是不公平的，失败会常伴左右。但是在最艰难的时刻如果你能够勇于冒险、大步向前、锄强扶弱、永不言弃，如果你能做到这些，那么你就会让生活变得更好……也许就会让这个世界变得更好！

在得克萨斯大学毕业典礼上的演讲

2014年5月21日

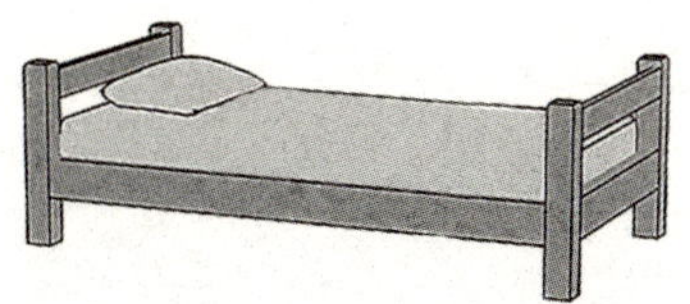

这所大学的口号是“从这里开始，就会改变世界”。我必须承认，我很喜欢这句话。“从这里开始，就会改变世界！”

今晚有8000多名学生将从得克萨斯大学毕业。素以分析严谨而著称的伟大典范Ask.com网站[①]曾统计说，每位美国人一生中平均会接触到10000个人。人数真是相当多。但是，如果你们中的每个人能够改变身边10个人的生活，而这10

---

① Ask.com网站：排名第四的英文搜索引擎。

个人中的每个人又改变了另外10个人的生活——只需要改变10个人——那么经历五代人之后——也就是125年以后——作为2014届毕业生，你们将总计改变8亿人的生活。

8亿人。想想看：这超过了美国人口的2倍。再经过一代人的时间，你们将可以改变全世界所有人的生活，80亿人。如果你认为彻底改变10个人的生活很难做到，那么你错了。

我在伊拉克和阿富汗每天都能看到这种情况。一名年轻的军官在一条通往巴格达的道路上决定向左走而不是径直前行，他小队里的10名战士因此躲开了敌人的一场近距离伏击。

在阿富汗坎大哈省，一名来自女性战斗小队的士官察觉到了一些异常，指导步兵排远离了一个500磅的简易爆炸装置，因此拯救了十几个士兵的生命。

但如果你细想一下，不仅仅是这些士兵的生命因为一个人的决定而获救，他们尚未出世的孩子也得救了，他们孩子的孩子也得救了，一代又一代人因为一个人的一个决定而获救。

任何人，在任何地方都可以改变世界。所以，从这里开始，你所做的事情确实可以改变世界，但问题是：世界在被改变之后，会变成什么样子？

我相信它会变得越来越好，如果你们有心情听我这位老水兵讲述的话，我有几点建议或许可以帮助你们走向一个更加美好的世界。这些经验启示都是我在部队期间学到的，但我可以向你保证，不管是否服过兵役，这些经验同样适用。

你的性别、种族、宗教背景并不重要，也无关你的性取向和社会地位。我们都在这个世界上挣扎着，遇到的困难都是相似的，这些经验教训就是用来克服这些困难，继续前行的——改变自我，改变周遭世界——对所有人都是一致的。

我在海豹突击队服役已有36年。这一切都始于我离开犹他州，去加利福尼亚州科罗纳多岛参与海豹突击队基础训练的那一刻。海豹突击队基础训练为期6个月，内容包括折磨人的软沙滩长跑，午夜在冰冷刺骨的圣地亚哥岸边的海水里游泳，越障训练，无休止的健身操，几天不眠不休，身体则总是处于寒冷、潮湿、苦不堪言的状态。

6个月的时间里，时常会有训练有素的老兵骚扰你，他们会找出我们身心上的弱点，并剔除那些坚持不住的学员，使他们永远与海豹突击队无缘。但是，比训练更重要的是寻找并发现那些能够克服持续压力、混乱、失败和艰辛条件的学员。于我而言，海豹突击队基础训练是把一生的挑战都塞进这6个月中。

以下是我从海豹突击队基础训练中学到的10条经验启示，希望在你们人生前进的道路上有一些参考价值。

在海豹突击队基础训练的每一个早晨，我的教官——当时都是些越战老兵——会出现在我的兵营里，他们第一个要检查的是你的床铺。如果你的床铺整理得符合标准，则被子的边角处要成90° 直角，被子要叠得方方正正，床单要拉紧铺平，枕头要放在床头板下方正中间的位置，多余的铺盖要整整齐齐地叠在床尾处。

这是一项简单的任务，充其量只能算是普通。但是每天早晨我们都被要求把床铺整理得完美无瑕。当时看起来有点可笑，特别是对于我们这些有志成为真正的勇士、英勇善战的海豹的人而言，但这一简单的行为其实蕴含了大智慧，从我日后生活的很多事中可得以证明。

如果每天早晨起床后你都整理好床铺，你就完成了一天当中的第一个任务。这会给你带来一种小小的自豪感，并鼓励你去做好下一个任务，一个接一个的任务。到这一天结束的时候，完成一项简单的任务就会促成许多项任务的完成。整理床铺也会强化这样一个事实：生活中琐碎的小事也很重要。

如果你连小事都做不好，那么你永远也做不成什么大事。而且，如果某一天的任务令你苦不堪言，至少回到家中，还能躺在自己整理好的床铺上——这是你整理的床铺——这张整理好的床铺会给你带来很多鼓励，期待明天会更好。

如果你想改变世界，先从整理床铺开始吧。

在海豹突击队训练中，学员们被重新分配成船员小分队。每一分队有7个队员：小橡皮艇的每一边各有3个队员，还有一个队员作为舵手指导橡皮艇的划行。每一天你的船员小分队都会在海滩上列队，并得到指示将要穿过冲浪区，沿着海岸线划上几英里。

在冬季，圣地亚哥的海浪可以达到8英尺到10英尺高，要想划过冲浪区极其困难，每个人都需要用力划桨。队员划的每一桨必须与舵手的指挥同步。所有人必须用力均衡，否则船将逆浪而去，然后被海浪毫不客气地甩回到海滩上。为了让船到达目的地，每个人必须努力划桨。

你不可能独自一人改变世界——你需要他人的帮助——从起点到达终点的路途需要朋友、同事、陌生人的善意帮助，以及一个强有力的舵手为你指引方向。

如果你想要改变世界，定要找人帮你划桨。

经过几周的艰苦训练，我所在的海豹突击队班级学员人数从一开始的150人降至仅剩42人。余下的学员组成6个船员小分队，每个小分队有7个队员。我被分配在高个子船员小分队，但是最优秀的船员小分队是由小个子男孩组成的——“蒙奇金（负责任又讨人喜爱的小好人）船员”，这是我们给取的名字。他们小分队中没有人超过5.5英尺高。

蒙奇金船员小分队有一个美洲印第安人，一个非裔美国人，一个波兰裔美国人，一个希腊裔美国人，一个意大利裔美国人，还有两个来自美国中西部的硬朗小伙子。他们比所有其他船员小分队的成员都划得更快、跑得更快、游得更快。

其他船员小分队的大个子队员总喜欢拿这些小个子船员的小脚蹼开一些善意的玩笑，取笑蒙奇金船员每次游泳之前都会在自己的小脚丫上穿上精致的脚蹼。但不知何故，这些来自美国和世界其他地方的小个子总是能笑到最后，比其他任何人游得都快，而且到岸的时间要早得多。

海豹训练之初，大家都在同一起跑线上。关键在于你是否充满必须成功的意志，其他的都不重要；你的肤色、种族背景、学历、社会地位，这些因素都不重要。

如果你想要改变世界，请用内心追求的大小来衡量一个人，而不是脚蹼的大小。

每周有那么几次，教官会让学员们排成一

列，进行制服检查。检查的内容异常全面。你的帽子必须十分硬挺，制服要干净平整无褶皱，皮带扣子要闪闪发光，不能有任何污渍。

但是，似乎不管你把帽子整理得多么硬挺，制服熨烫得多么平整，皮带扣子多么光亮，结果就是不够好。教官总会挑出“一些”毛病。

如果制服检查没有通过，学员必须穿戴整齐地跑到冲浪区，然后把自己从头到脚都浸湿，在海滩上滚来滚去，直到浑身上下都沾满了沙子。这被称为“砂糖曲奇”。这一天余下的时光你都必须穿着这身制服度过，寒冷、潮湿，并且浑身布满沙子。

有很多学员无法接受自己所有的努力都变成徒劳这一事实。不管他们有多努力尝试去把制服整理得达标，结果都不被赏识。那些学员最终都没能通过培训，因为他们没有领会到训练的用意——你永远都不会成功，你永远都不可能整理出完美的制服。

有时候不管你准备得多么充分，不管你表现得如何优秀，你仍然会以“砂糖曲奇”的方式收场。这就是生活，时常不如人意。

如果你想要改变世界，就得克服沦为“砂糖曲奇”的失落，继续勇往直前。

在训练的每一天里，你都会受到多项对身体素质的挑战。长跑、长途游泳、越障训练，还有数小时的健身操，一些设计用来测试你耐力的项目。

每一个挑战项目都有自己的标准：各项时间标准。如果你不能达标，你的名字就会被张贴在一个名单上，到这一天结束的时候，榜上有名者就会被邀请去参加马戏表演。

马戏表演是额外跳两个小时的健身操，目的是耗损你的体力，瓦解你的精神支撑，迫使你放弃训练。没有人希望参加马戏表演。马戏意味着那一天你没有达标。马戏意味着更多的疲劳，更多的疲劳意味着接下来的一天会更加难熬——这又可能导致更多的马戏表演。

但是在海豹突击队训练的某个时段，每个人——是每个人——都上过马戏名单。而且，这是一件发生在那些名字时常登上马戏名单的人身上的有趣的事情。随着时间的推移，那些接受两个小时额外健身操训练的学员，变得越发强壮。痛苦的马戏训练锻炼了他们强大的内心，也使他们的身体更具韧性。

生活中到处都充斥着马戏。人生总有失败的时候，而且有些人可能会经常尝到失败的滋味。

那是痛苦的滋味，令人沮丧。有时它会考验你的内心。

如果你想要改变世界，不要惧怕马戏。

每周至少有两次，受训学员需要进行越障训练。越障训练包含25个障碍，包括一堵10英尺高的障碍墙、一个30英尺高的吊网，还有一个带刺的铁丝围栏，等等。

但最具挑战性的障碍是“滑索逃生”。障碍的设置是一端有三层30英尺高的塔楼，另一端是仅有一层高的塔楼。中间系有一条100英尺长的绳索。

你需要爬上这三层塔楼，到达顶端后抓住绳索，在绳索下方摆动，交替双手，一下一下推动自己前行，直至到达另一端。当我们班在1977年开始进行越障训练时，纪录已经保持了很多年。这个纪录似乎很难打破，直到有一天，有一名学员决定挑战“滑索逃生”项目——以头朝前的方式进行。

他并没有在绳子下方摆动身体，缓慢地向前移动，而是骑在了绳子的上面，勇敢地向前冲。这是一个危险的举动，看起来很愚蠢，而且充满了风险。如果失败了就意味着会受伤，而且会被从训练队伍中除名。这位学员毫不犹豫地滑下了绳索，危险而迅速，以往需要几分钟才能完成的项目，他只花了一半的时间。到达障碍终点的时候，他打破了纪录。

如果你想要改变世界，有时候你需要像这样冒险，以头朝前的方式穿越障碍，勇往直前。

在陆地战争阶段的训练中，学员们被派去飞往位于圣地亚哥海岸附近的圣克莱门特岛。圣克莱门特附近的水域是大白鲨的繁殖地。为了通过海豹突击队的训练，有一系列的长途游泳必须完成。有一项是夜间长途游。

在游泳前，教官会眉飞色舞地给学员介绍圣克莱门特岛附近水域里所有种类的鲨鱼以及它们的习性。不过他们会向你保证，不管怎么说，还没有学员被鲨鱼吃掉——至少最近没有。

但是教官也会告诉你，如果有鲨鱼开始围绕你转圈——你必须待在原地不动，不能游开，不能表现出恐惧。如果这只鲨鱼饿了，需要吃夜宵，朝你冲过来，那么你就要鼓起所有的力气，朝它的鼻子狠狠地揍上一拳，它就会转身离开。

世界上有很多鲨鱼。如果你希望完成游泳，就必须要对付它们。

如果你想要改变世界，不要因为鲨鱼而退缩。

作为海豹突击队的一员，其中的一项工作就是对敌方船舶进行水下攻击。在基础训练阶段我们广泛练习了这项技能。船舶攻击任务是指一对海豹潜水员在敌方港口范围之外下水，然后在水下徒手游泳两英里以上，但是会随身携带一个深度测量仪和一个指南针来帮助他们到达指定目标。

在整个游泳过程中，甚至在距离水平面很低的深水区也会有一些光束穿透进来。这些光束能让你知道，在你的上方是开阔的水面，没有船只。但是当你接近停靠在码头的目标船只时，灯光开始逐渐消失。船只的钢结构框架会挡住月光，也会挡住周围的街灯。它能阻挡所有的环境光。

要想在任务中取得成功，你必须游到船底，并找到龙骨，即船体最深处的中心线。这是你的目标。但是，龙骨也是一艘船最黑暗的部分，在那里你伸手不见五指，船上机器发出的噪音震耳欲聋，你很容易因迷失方向而导致任务失败。

每一个海豹都知道在龙骨的下方，是任务最黑暗的时刻，是最需要冷静的时候——镇静——这个时候你所有的战术技能、体力以及所有的内在力量必须全部释放出来。

如果你想要改变世界，在最黑暗的时刻你必须做最好的自己。

训练的第九周被称为地狱周。连续六天不眠不休，持续接受精神和肉体上的折磨，还有一个特别的泥滩日。泥滩是位于圣地亚哥和蒂华纳之间的一片区域，那里因常年雨水的侵蚀形成了蒂华纳沼泽地，任何一小块沼泽地的泥浆都可以把你吞没。

这是地狱周的周三，你要划桨到泥滩去，在接下来的15个小时里在冰冷的泥潭中试图求生，忍受咆哮的狂风，以及教官不断教唆你退出的心理压力。

那个周三的傍晚，当太阳开始西沉的时候，我们班因“严重违纪”而被命令跳进泥滩。泥滩把所有人淹没在淤泥中，只剩下头部露在外面。教官告诉我们只要有5个人放弃，我们就可以离开泥滩；只要有5个人放弃，我们就可以摆脱这难耐的寒冷。

当我环顾泥滩的四周，很明显可以看出，一些学员准备要放弃了。还有8个多小时才能等到旭日东升，还需要忍受8个多小时的刺骨寒冷。受训者牙齿打战的声音和喉咙里的呻吟声是如此的响亮，以至于其他的声音都被淹没了。然后，一个声音开始在寂静的夜里回响，一个声音随着歌声而升起。这歌声严重跑调，但是却充满激情。声音从一个变成两个，两个变成三个，不久之后，班上的所有学员都唱了起来。

我们知道如果一个人能够超越痛苦，那么其他人也可以做到。教官威胁我们说，如果继续唱歌的话，就让我们在泥滩中待上更长的时间，但是歌声仍在继续。不知怎的，泥浆似乎变得温暖了些，风也变得柔和了，黎明的曙光就在不远的前方。

如果说我在人生的旅途中学到了什么，那就是希望的力量。一个人的力量，一个华盛顿、林肯、马丁·路德·金、曼德拉……甚至是那位来自巴基斯坦的年轻女孩——马拉拉。一个人可以通过给人们带来希望而改变世界。

如果你想要改变世界，当泥浆没及颈部的时候，请放声歌唱。

最后，在海豹突击队的训练中有一口铜钟，就挂在训练营大院的中心，所有学员都看得见。如果你想退出，只需敲响铜钟。敲响这口钟，你再也不必每天5点钟起床；敲响这口钟，你再也不必在冰冷刺骨的海水里游泳；敲响这口钟，你再也不必参加长跑、越障训练、体能训练，而且你再也不必忍受训练的艰辛。

只需敲响这口钟。

如果你想要改变世界，永远都不要敲响这

口钟。

2014届毕业生，转眼间你们就要毕业了。你们即将踏上人生的旅途。即将加入改变世界的队伍，让这个世界变得更加美好。但这并非易事。

以完成一项任务来开启每一天的旅程。在人生的旅途中学会借力而行。尊重每一个人。要知道生活从来都是不公平的，失败是常有的事，但是只要你勇于冒险，在最艰难的时刻舞出人生，锄强扶弱，永不言弃……如果你能做到这些，那么你的下一代，以及世世代代将会生活在一个远比今天更加美好的世界里。从这里起步，确实就会改变世界，让世界变得更加美好。

非常感谢各位。再见。

鸣　谢

我要感谢我的编辑杰米·拉布的耐心及理解。你精心制作了一本漂亮的书籍，我知道它会经得住时间的考验。我还要感谢所有同意我在书中提及的密友。你们用面对极度逆境的勇气激励着我，你们可能永远都不会知道对我的帮助有多大。

关于作者

海军上将威廉 · H. 麦克雷文（退役），在美国海军中极负盛誉。在海豹突击队服役的 37 年中，他指挥过每一个级别的战斗。作为一名四星上将，他最后的职务是美国特种部队司令部司令。他现在是得克萨斯大学的校长。

图书在版编目（CIP）数据

叠被子：海军上将的人生攻坚训练 /（美）威廉·麦克雷文（William H. McRaven）著；李升升译. —长沙：湖南文艺出版社，2017.9
书名原文：Make Your Bed
ISBN 978-7-5404-8297-8

Ⅰ. ①叠… Ⅱ. ①威… ②李… Ⅲ. ①人生哲学—青年读物 Ⅳ. ①B821-49

中国版本图书馆CIP数据核字（2017）第218135号

©中南博集天卷文化传媒有限公司。本书版权受法律保护。未经权利人许可，任何人不得以任何方式使用本书包括正文、插图、封面、版式等任何部分内容，违者将受到法律制裁。

著作权合同登记号：图字18-2017-096

MAKE YOUR BED by William H. McRaven
This edition published by arrangement with Grand Central Publishing, New York, New York, USA.
All rights reserved.

上架建议：成功·励志

DIE BEIZI：HAIJUN SHANGJIANG DE RENSHENG GONGJIAN XUNLIAN
叠被子：海军上将的人生攻坚训练

作　　者：［美］威廉·麦克雷文（William H. McRaven）
译　　者：李升升
出 版 人：曾赛丰
责任编辑：薛　健　刘诗哲
监　　制：毛闽峰　赵　萌　李　娜
策划编辑：杨清钰
特约编辑：马玉瑾
营销编辑：贾竹婷　雷清清
版权支持：辛　艳
封面设计：利　锐
版式设计：李　洁
出版发行：湖南文艺出版社
（长沙市雨花区东二环一段508号　邮编：410014）
网　　址：www.hnwy.net
印　　刷：北京天宇万达印刷有限公司
经　　销：新华书店
开　　本：880mm × 1270mm　1/32
字　　数：57千字
印　　张：5
版　　次：2017年9月第1版
印　　次：2017年9月第1次印刷
书　　号：ISBN 978-7-5404-8297-8
定　　价：42.00元

质量监督电话：010-59096394
团购电话：010-59320018